Gewidmet einer klugen Frau,
deren Worte halfen,
die Angst zu verjagen.
A.H.

Andrea Hensgen • Béatrice Rodriguez

Der große Hund

Peter Hammer Verlag

Andrea Hensgen lebt in Freiburg im Breisgau. Sie studierte Literatur- und Politikwissenschaft. Ihre Arbeit als Schriftstellerin begann mit philosophischen Jugendromanen. Heute schreibt sie vorwiegend Bilder- und Kinderbücher.

Béatrice Rodriguez lebt in einer Kleinstadt im französischen Département Nièvre. Sie studierte Kunst in Strasbourg und arbeitet heute als freie Illustratorin für verschiedene renommierte Verlage, u.a. für Bayard, Milan und Actes Sud Junior. Im Peter Hammer Verlag erschienen ihre Bilderbücher „Der Hühnerdieb", „Das Zauberei", und „Das Hühnerglück".

3. Auflage 2019
© Andrea Hensgen (Idee)
© Béatrice Rodriguez (Illustrationen)
© Peter Hammer Verlag GmbH, Wuppertal 2011
Alle Rechte ausdrücklich vorbehalten
Druck: TBB, a.s.
ISBN 978-3-7795-0313-2
www.peter-hammer-verlag.de